Kerstin Minkus

Hauchzart und knallhart

Gedichte über die Liebe und das Leben

Fotos: Katharina Heidenreich, Franziska Bruckert,
Katharina Löw, Kerstin Minkus

Gestaltung: Katharina Heidenreich

© 2012 Kerstin Minkus, Schwalbach/Ts.

Herstellung und Verlag: BoD – Books on Demand, Norderstedt

ISBN 9783848230785

Gegen die Vergänglichkeit

Liebe suchen – das volle Programm

Liebe knallzart

Hoffnungslos vorbeigeliebt

Gnadenloses Liebesaus

Von der Liebenden bis zum Kämpfer

Von Dunkelgrau bis Rabenschwarz

Leben, leiden, lästern

Einfach ich sein

Lustvoll und launenhaft

Liebe suchen –
das volle Programm

Froschliebe

Ihr neues Hobby:
Frösche küssen.

„Sei doch kein Frosch ...“
Sie ist mutig, unbefangen.
Wagt es,
sich einzulassen.

Doch die Frösche
werfen sie gnadenlos
an die Wand.

Frosch-Zauber

Ich habe viele
Prinzen geküsst.

Nach einiger Zeit
haben sich alle
in Frösche verwandelt.

Mein Kuss –
ein böser Zauber?

Lieb(es)los

Ich ziehe los
auf der Suche
nach Liebe.
Ziehe den Trostpreis –
er tröstet nicht.

Gebe mein Letztes
für das letzte Los.
Meine Liebe –
eine Niete.

Trostlos.

Anmache

Ich umgarne Dich
mit meinem Charme.
Versprühe Leidenschaft
wie schweres Parfüm.
Will Dich anmachen.

Fühle mich wie ein
brennendes Streichholz
bei Gegenwind.
Und verglühe.

Fishing for love

Du hast mich
aus dem Internet gefischt.

In den Weiten
des World Wide Web
bin ich Dir ins Netz gegangen.

Nun zapple ich
so vor mich hin.
Abwartend, ob Du mich
wieder zurückwirfst.

Vielleicht bin ja auch
ich diejenige,
die schnell wieder
abtauchen will?

Gebraucht-Partner

Frau aus zweiter Hand
(mit leichten Lackschäden)
sucht Mann aus zweiter Hand
(bitte nicht tiefergelegt).

Zwecks Fahrgemeinschaft
und Erfahrungsaustausch
über verunglückte Ehen.

Bei gleichem Schadenspotenzial
Lebensabschnitts-Doppelgarage
nicht ausgeschlossen.

Vernetzt

Meine Einsamkeit
war mit Tränen benetzt.

Dann fand ich den Link zu Dir.

Nun sind unsere Seelen vernetzt.
Der Weg führte online ins Glück.

Feuerblume

Asche tief in mir.
Darin noch ein wenig Glut.
Du kannst sie schüren.
Ich warte auf Dich.

Entfache das Feuer.
Aus Funken und Flammen
erwächst eine wundersame Blume
der Liebe und Leidenschaft.

Zart flackernd
entfaltet sich die Blüte,
leuchtend gelb und orangerot.

Die flammenden Blütenblätter
züngeln höher und höher.
Erwecken mich zu neuem Leben.

Fang Feuer,
aber verbrenn Dich nicht.

Liebe knallzart

Hoch-Zeit

Heute ist
unsere Hoch-Zeit.

Wir feiern
Verschmelzung.

Wir brauchen
keine Anzeige aufzugeben.

Das Glück
ist uns ins Gesicht geschrieben.

Sehnsucht

Ich kenne Dich kaum
und habe schon Sehnsucht
nach Dir.

Aber wonach?

Es ist eine zarte Ahnung.

Die Wunschvorstellung,
dass es mit Dir
ganz wunderbar sein könnte.

Und die vage Gewissheit,
dass es mit Dir
ganz wunderbar sein wird.

Eine Sekunde

Wir kennen uns kaum
und sind uns doch so nah.

Nur noch ein paar Tage,
dann bin ich aus Deinem Leben
verschwunden.

Wir trafen uns
nur eine Sekunde
in unserer Lebenszeit.

Aber es gibt Sekunden,
die man nie vergisst.

Titanic

Du standst hinter mir
und umarmtest mich.

Vor uns die glutrote Sonne.

Einige Sekunden
fühlte ich mich frei.

Fast hätte ich die Arme
weit ausgebreitet
wie auf dem Bug der Titanic.

Das Leben
kann so schön kitschig sein.

Der erste Kuss

Du küsst mein Gesicht.
Ich halte ganz still –
die Augen geschlossen.

Endlich finden sich
unsere Lippen. Zum ersten Mal.
Behutsam, innig, leidenschaftlich,
verheißungsvoll ...

Ich atme Dich, bin Dir so nah.

Bin nur noch Gefühl.
Tastend, schmeckend, sanft berührend.
Mein Körper erfüllt von Wärme, Nähe
und Sehnsucht.

Kaum habe ich Dich gefunden,
könnte ich mich schon in Dir verlieren.

Dies ist das Wunder eines
einzigen Kusses ...

Nur drei Worte

Ich spüre es.
Aber ich würde sie
so gern hören,
die drei magischen Worte,
die mir das Universum bedeuten.

Von Dir.
Von den Lippen,
die so innig küssen.

Nicht als Floskel.
Nicht als Eroberungsstrategie.
Nicht nur so daher gesagt.

Sondern gewollt, gefühlt,
aus ganzem Herzen.

Diese drei Worte:
„Ich liebe Dich".

Schaumgeborene

So wie ich jetzt
vor Dir stehe,
durfte mich noch nie
ein Mann betrachten.

Ich fühle mich jungfräulich,
unberührt,
aus Meeresschaum geboren.

Mein neues Seelenkleid
gewirkt aus Fäden der Einsicht,
des Verzeihens
und des Bewusst-Seins
schenkt mir Schutz
und Freiheit.

Nun kann ich mich
freudig einlassen.
Auf die Nähe
zu Dir.

Eingetaucht

Du bist tief in meine
Seele hinabgetaucht.
Und hast mich geborgen.

Eine geheimnisvolle Truhe,
korallenbewachsen, von dicken
Eisenketten umschlossen.

Du hast mich ans Licht geholt,
von meinen Fesseln befreit
und einen wahren Schatz gefunden.

Nun fühle ich mich
von Dir und bei Dir
geborgen.

Einfach so ...

Ich wollt's Dir nur mal sagen.
Einfach so.

Ich denk oft an Dich.
Einfach so.

Bin gern mit Dir zusammen.
Einfach so.

Genieße den Augenblick.
Einfach so.

Lass mich fallen.
Einfach so.

Du fängst mich auf.
Und alles ist

... so einfach.

Liebe (s)worte

Deine Worte
ziehen sich
wie seidige Fäden
durch die Luft.

Fliegen silbrigzart
und durchsichtig
auf mich zu.

Wickeln mich ein.

Spinnen um mich ein Netz
aus Wohlgefühl.

Mehr davon.

Ich könnte mich
in Deine Worte einhüllen
wie in Zuckerwatte.

Wortzärtlich

Du streichelst mich
mit Worten.
Jedes einzelne ein zarter Kuss
auf meine Stirn.

Du wägst ab, wählst sorgsam aus,
beschreibst Deine Gefühle zu mir.

Ich halte inne,
sauge diese Worte in mich ein.
Will mich in ihnen verlieren,
mich in sie kuscheln
wie in eine warme Decke.

Mich davontragen lassen
von dieser Welle liebender Worte.

Liege schließlich überwältigt
am Strand meiner Fantasie.
Mit geschlossenen Augen.

Erschöpft und glücklich.

Eisblumen

Es ist bitterkalt.
Eine Nacht im Januar.
Auf einem entlegenen Parkplatz.

Der Motor ist aus.
Es kühlt empfindlich schnell ab.

Nur die Leidenschaft brennt.
Unsere Körper
brauchen keine Heizung.

Mein Wollmantel
und unser Verlangen
wärmen uns.

Als ich die Augen wieder öffne,
sehe ich Eisblumen
auf der Frontscheibe.

Erblüht in einer
frostigen Winternacht
auf einem einsamen Parkplatz.

Eva heute

Nackt liege ich
im Bett.

Räkle mich
in apfelduftweichgespülten Kissen.

Mein Haar mit
grünem Apfel-Shampoo gewaschen.

Nun wickle ich mich um Dich
wie eine Schlange.

Entführe Dich hier und jetzt
ins Paradies.

Sich selbst genug

Zwei Seelen haben sich gefunden.
Genießen die gemeinsame Zeit
eng miteinander verbunden –
ein gefühlter Hauch von Ewigkeit.

Zelebrieren ihr ganz eigenes Glück,
wollen nie mehr darauf verzichten.
Kehren nur kurz in den Alltag zurück
zu ihren irdischen Pflichten.

Mit der Sehnsucht
schnell wieder zu fliehen.
Um im Kosmos der Liebe
ihre Bahnen zu ziehen.

Schweigen

Sonnenuntergang –
gemeinsames Schweigen.
Nähe, ohne zu reden.
Meine Hand in deiner.
Geborgenheit.

Wortlose Zwiesprache ...

Traumsprache
meines Herzens
ist die wortlose
Zwiesprache.

Das, was Deine
Augen erzählen,
Deine Hände
ausdrücken,
Deine Umarmung
mir sagt.

Wenn Dein Kuss
meine Seele berührt,
spüre ich:
Die Sprache
unserer Herzen
kommt
ohne Worte aus.

Ich liebe ...

Wolkentupfen am Sonnenhimmel.
Tau im Spinnennetz.
Den Sonnenbogen im Regen.
Rosen im November.
Den zarten Schmelz von Schokolade.

Das Aufwachen
mit Vorfreude auf Dich.
Die Umarmung
nach der Trennung.
Die zarte Berührung
unserer Fingerspitzen.

Das Streicheln im Zeitlupentempo.
Die Härchen meiner Gänsehaut.
Das Schnuppern an Deinem Nacken.

... Dich.

Immer wenn

Immer wenn wir
die Tür der Alltagswelt
hinter uns schließen

Immer wenn wir
hinabtauchen
ins warme Meer
unserer Gefühle

Immer wenn wir
uns treiben lassen
und einander hingeben

Immer wenn wir
uns fallen lassen
und für kurze Zeit
eins werden

Dann immer –
ist das Glück des Augenblicks
für mich greifbar

Gnadenlos verliebt

Zwei hormongebeutelte Individuen
sind von der Bildfläche verschwunden.
Abgetaucht.

Für Normalos
nicht mehr erreichbar.

Haben ihr eigenes Ich
aufs Wir reduziert.
Sind gnadenlos verliebt.

Individuell unterschiedlich
erreicht das endorphingedopte Gehirn
irgendwann wieder
den normalen Pegel.

Merkt, dass zeitweise
noch ein Leben neben
dem/der Geliebten existiert.

„Ah," sagen die Freunde dann,
„schön, dass es Dich noch gibt".

Auf Wolke 7 ...

Mit 17 – rosarote Liebe.
Höhenflüge, Bruchlandungen,
Höhenflüge ...

Mit 37 – genormte Liebe.
Im Eigenheim erstickt.
Im Windeleimer versenkt.
Gemeinsam einsam.

Mit 47 – befreite Liebe.
Sich selbst kennen, sich einlassen,
den anderen lassen.

Eins sein, zwei sein –
gemeinsam frei sein.

Frischer Wind

Früher türmten sich Berge
von dunklen Wolken auf
an meinem Seelenhorizont.

Dann kamst Du als frischer Wind
in mein Leben gestürmt
und hast sie weggeblasen.

Abgesehen von ein paar
reinigenden Gewittern,
genießen wir nun eine
stabile Hochdruckphase.

Federwolken
am blauen Sommerhimmel ...

Kleinigkeit

Wie kann eine Zahnbürste
glücklich machen?

Gelb und türkis der Griff,
Kunststoffborsten
in Reih und Glied.
Eine alltägliche Zahnbürste.

Nicht ganz.
Denn sie gehört mir.
Und sie steht seit kurzem
in Deinem Becher.

Das ist es, was Dich
glücklich macht.

Immer wieder

Ich freue mich auf Dich.
Immer wieder.

Genieße Deine Zärtlichkeit.
Immer wieder.

Vertraue mich Dir an.
Immer wieder.

Ich sage ja zu Dir.
Jeden Tag aufs Neue.

Immer wieder.

Teilzeitliebe

Arbeit frisst die Woche auf.
Nur am Wochenende
ist Liebeszeit.
Wir
leben
ganztags.
Lieben aber Teilzeit.
Leben eine Teilzeitliebe.
Teilen unsere Liebe auf Zeit.

Hoffnungslos vorbeigeliebt

Hautnah

Wir liegen beieinander.
Haut an Haut.
Dir so nah und doch so fern.

Ein ganzes Universum
zwischen uns.

Cinderellas Schuh

Ich habe Dich
gefunden.
Du hast mich
nicht gesucht.

Einseitiger Tanz
mit dem Glück.

Du bist
weggelaufen.

Erst wenn Du
von selbst
zurückkommst,
wird ein Schuh daraus.

Spatz in der Hand

Ich bin über Dich
gestolpert,
habe Dich aufgehoben
und mitgenommen.
Wie einen zerrupften Spatzen.

Du hast es
geschehen lassen.
Heimlich aber
träumst Du von der Taube.

Und so schiele auch ich
hin und wieder
wehmütig zum Dach.

Schattenspiele auf meiner Seele

Seit ich Dich kenne
bin ich nur noch
ein Schatten meiner selbst.
Durchleide die Liebe
mit all ihren Schattenseiten.

Das Unglück
wirft seine Schatten
voraus.

Meine Seele friert.

Zerreiß-Probe

Du zerbrichst mich.
Setzt mich neu
zusammen.

Doch das wichtigste Teil
fehlt.

Mars und Venus

Deine Welt:
Computer, Zahlen, Fakten.

Meine Welt:
Gefühle, Worte, Bilder,
Fantasien.

Wie soll das zusammenpassen?

Fakt ist:
Meine Gefühle
erreichen Dich nicht.

Sackgasse

Lieben
mit Sicherheitsabstand
und Warndreieck.

Komm mir bloß nicht zu nahe,
sonst bin ich weg.

Ausgebrannt

Du bist meine Insel,
die im Meer versinkt.

Meine Gefühle –
feuerspeiender Vulkan
und erstarrte Lava.

Unsere Seelen
berühren einander
und können sich
doch nicht vereinen.

Sinnloses Glück.
Angst ohne Hoffnung.
Schmerz ohne Ende.

Warum kann ich nicht
einfach aufhören zu atmen?

Auf eigene Gefahr

Ich habe Dir
mein Herz
hinterhergeworfen.

Kontaminiert
mit Liebe.

Doch Du trugst
einen Schutzanzug.

Und hast Dich schnell
aus der Gefahrenzone
gebracht.

Sex und hopp

Liebe
kannst Du nicht.
Du kannst nur Sex.

Stülp Dir doch
einen Gummi
über die Seele.
Zum Schutz
vor ansteckenden
Gefühlen.

So bist Du sicher, frei
und vollkommen ausgefüllt –
von Deiner Leere.

Der Kuss

Der Kuss – für Dich
nur ein Muss?

Ich träume davon,
dass unsere Lippen sich sanft berühren.
Ich suche Dich, wäre Dir gern nah.

Ein Kuss – die zärtlichste Form
von Kommunikation.
Fragend, bejahend, versprechend ...

Wir haben uns gesucht und gefunden.
Oder nicht?

Bist Du nur eine männliche Hure?
Der Kuss – Dein großes Tabu?
Hast Du Angst, Du könntest Dich
in mir verlieren?

Oder sind Deine Lippen
nur genauso taub
wie Dein Herz?

Abschied

Du bist gefangen
in Deiner Welt.
Sicher vor Gefühlen
in Deinem Kokon.

Ich will Dich befreien
mit aller Gewalt.
Du wehrst Dich
mit aller Kraft.
Willst nichts wissen
von Wagnis, Risiko und Leben.

Ich lass Dich zurück
– so wie Du es möchtest –
allein und leblos.

Keine große Sache ...

Du sagst,
wir haben eine Affäre.

Klingt spannend.

Nach Abenteuer –
nicht nach Beständigkeit.
Nach „heiß" – verbrennend,
statt wohlig wärmend.

Wenn sie abkühlt,
bring ich's unterkühlt zu Ende.

Und tschüss ...
Mach dann aber bitte
keine Affäre daraus.

Uneigentliche Liebe

Eigentlich dachte ich,
wir lieben uns.
Uneigentlich war es
für Dich nur eine Affäre.

Eigentlich hatte ich gehofft,
dass Deine Gefühle zu mir
noch wachsen würden.
Uneigentlich war es
Zeitverschwendung.

Pannenhilfe

Du warst ausgebremst.
Ich hatte die
sechsspurige Helfer-Autobahn
im Kopf.

Schnell eilte ich Dir zu Hilfe.
Du hast Dein Warndreieck
ausgepackt.

Ich habe den Wink
nicht verstanden.
Kann nicht
mit Sicherheitsabstand retten.

Du warst die Umleitung
in meiner Lebens-Panne.
Doch nun geht die Fahrt
ins Leere.

Vergiss Dein Warndreieck nicht!

Liebeskrank

Sie war liebeskrank.
Nicht krank vor Liebe.
Wegen fehlender Liebe krank.
Seinetwegen.

Erfüllt vom Wunsch,
dass er sie lieben möge.
Sie litt unsäglich.
Litt sich ins Schattendasein.
Jämmerliche Gestalt
mit zerlittenem Herzen.

Selbst im Spiegel führte sie
ein Schattendasein.
Ihr Stolz von Schatten bedeckt.

Verzweifelt wollte sie sich zurückerobern,
sammelte die Brocken
ihres Herzens zusammen
und entschied,
dass dies der erste Tag
ihrer Genesung sein solle.

Beziehungsbilanz

Unser Liebeskonto
ist ausgeglichen.

Soll und Haben
halten sich die Waage.

Meine Bringschuld ist getilgt.

Kündige fristgerecht
den Vertrag
der stornierten Gefühle.

Rotstift ansetzen und
abhaken.

Abgelaufen

In der Stornoabteilung
der Romantik
liegt sie.
Meine unerfüllte Liebe.

Wartet im
Postausgangskörbchen
auf neues Glück.

Gnadenloses Liebesaus

Ohne Dich

Es geht auch
OHNE DICH.

Die Sonne geht auf
OHNE DICH.

Der Fluss fließt weiter
OHNE DICH.

Aber
OHNE DICH

ist der Berg steiler.

Mein Schritt schwerer.

Der Fall tiefer.

Der Aufprall härter.

Wortlos

Sprachlosigkeit –
gemeinsames Schweigen,
das wehtut.
Wir leben aneinander vorbei.
Hoffnungslos.

HAPPY END

Und sie lebten glücklich
bis an ihr Lebensende.

Das gibt's nur im Märchen
und in Hollywood.

Meistens stirbt die Liebe zuerst.
Leise und unauffällig,

Bevor die Hoffnung gemerkt hat,
dass nichts mehr geht.

Hochzeit

Bis dass der Tod Euch scheidet ...

Nach langer, qualvoller Krankheit
ist unsere Liebe verstorben.

So tragen wir sie nun zu Grabe.
Jeder für sich.

Von Beileidsbekundungen
bitten wir abzusehen.

Entscheidung

Die Beziehung
war nur noch
ein Ziehen
und Zerren.

Jeder wollte gewinnen.
Ohne Regeln,
keiner hatte Recht.
Kampf, Abwehr, Verletzung.

Sie fassten einen Ent-**Schluss**.
Überleben – nur getrennt.

Es war die richtige
Ent-**Scheidung.**

Vor und zurück

Liebe – lieber nicht.
So zerbrechlich.
So schnell zerstörbar.
Es sein lassen.

Besser nicht einlassen.

Es sein lassen.
So schnell zerstörbar.
So zerbrechlich.
Liebe – lieber nicht.

Sorry

Du fühlst Dich vernachlässigt.
Mein neues Leben
frisst lauter kleine Löcher
in unsere Beziehung.

Du würdest gern
mit der verschmusten
Frau von früher kuscheln.
Doch die Karrierelady
hat nur noch Stress.

Ich nehme mir vor,
die Zärtlichkeitslöcher
zu stopfen.

Bald –
wenn ich die Zeit dafür finde.

Leise Ahnung

Lange hast Du Dir
was vorgegaukelt.
Kuschelst Dich
in dieses Gefühl der Harmonie.
Glaubst, Du wärst
endlich angekommen.

Doch dann nimmst Du ihn wahr,
den haarfeinen Riss.
Den Anfang vom Ende.

Weinst um Euch beide.
Wie in den Nächten zuvor.

Nutzlos die Genugtuung,
dass Du es eigentlich
schon lange geahnt hattest.

Zerrissen

Ein Riss
trennt

Anfang vom Ende.
Traum von Wirklichkeit.
Zweisamkeit von Einsamkeit.

Und Geahntes wird wahr.

Zwangsjacke

Er wollte sie formen
nach seinem Bild.
Sie sollte sich
zusammenreißen.
Weniger schlafen.
Mehr arbeiten.
Weniger essen.

Er wachte über
ihre Arzttermine.
Bestimmte, wann sie
die Waschmaschine anstellte.
Alles zu ihrem Wohl.

Sie sollte fröhlich sein.
Und gefügig.

Sie aber wusste,
er würde sich an ihr
die Zähne ausbeißen.

Ego-ist-ich

Lebensabschnittsgefährte
hat sich verabschiedet.
Einen Abschnitt
meines Lebens beendet.

Kann mich jetzt neu orientieren.
Ohne Kompromisse.
Bin nicht mehr zwei.
Sondern eins mit meinem Ich.

ER-l-ICH

Ich ER-leide ihn.
Lasse ihn über mich ER-gehen.
Empfinde ihn ER-drückend.

Will nur leben.
Mich niemals ER-geben.

Ich werde für mich kämpfen –
und SIE-gen.

So oder so

Liebe kann
Gefühle verletzen,
die Seele verätzen,
das Ich zerfetzen.

Liebe kann aber auch
alles wieder neu
zusammensetzen.

Himmelblau und Rosarot

Himmelblauäugig ließ sie sich
in diese Liebe fallen.
Genoss das Bad
in rosaroten Hormonwellen.

Schlug dann hart
in der Wirklichkeit auf.
Gerade noch mit einem
blauen Auge davon gekommen.

Von der
Liebenden
bis zum Kämpfer

70

Die Liebende

Ihre Stimme klingt
wundersam und verlockend.

Ihr Kuss schmeckt
nach Versuchung
und Verschmelzung.

Ihre sonnenwarme Haut
fühlt sich samtigzart
und einfach richtig an.

Riecht nach Angekommensein,
aber auch nach Abenteuer,
Lust und Leidenschaft.

Verströmt den Duft
von Alles-wird-gut.

Paradiesvogel

Er hat ein prachtvolles Gefieder
fantasievoll, farbenfroh,
schillernd wie ein Regenbogen.

Mein erster Gedanke: Abwehr –
der ist arrogant.

Dann Erstaunen:
Sein Wesen steht seinem Äußeren
in nichts nach.

Er sonnt sich nicht nur
in den bewundernden Blicken
der Anderen.

Er beachtet mich,
nimmt mich wahr.
Er ist einfühlsam,
spürt mein wahres Ich.

Schenkt mir eine Feder
aus seinem irisierenden Gefieder.

Er nimmt mich mit,
hoch hinauf in die Lüfte,
ich fühle mich getragen
und frei.

Doch dann fliegt er weiter,
niemand darf ihm
die Flügel stutzen.

Er gehört nur sich
und bestimmt selbst,
wen er als nächstes
auf seinen Schwingen
in ungeahnte Höhen trägt.

Was mir bleibt,
ist eine Ahnung vom Paradies
und meine Sehnsucht zu fliegen ...

Freundinnen

Eine bunt zusammengewürfelte
Gruppe von Frauen sitzt beieinander.
Unterschiedlicher könnten sie kaum sein.

Eines haben sie gemeinsam:
Es sind meine Freundinnen.
Wir sehen uns nicht oft,
bleiben aber immer verbunden.

Tolle Frauen, starke Persönlichkeiten,
reich an Facetten.
Jede trägt ein Stückchen von dem in sich,
wie ich gern wäre.
Mit jeder eint mich ein Stück Gemeinsamkeit.

Ich fühle mich von ihnen getragen –
in guten wie in schlechten Zeiten.

Es war ein wundervoller Abend –
offen, ehrlich, lustig, ernst und tolerant.
Gespräche voller Leben,
voller Interesse an dem Anderen.

Ein Abend unter Frauen,
ein Abend mit Frauen,
ein Mit-Gefühl-Abend.

Was kann einem schon passieren,
wenn man solche Freundinnen hat?

Der Kämpfer

Er kämpft mit sich, gegen sich,
gegen die anderen, gegen alles ...
Liebäugelt immer wieder
mit dem „Last Exit".

Der Tod – für ihn Verlockung
und reizvolle Alternative.
Seine Gefühle abgestorben.
Nur in Todesgefahr spürt er,
dass er noch lebt.

Er hat unendlich viele Gesichter:
Schillernder Paradiesvogel,
verletzliches Seelchen,
lonesome Cowboy,
brillanter Unterhalter,
einfühlsamer Zuhörer,
Kavalier alter Schule,
lebenshungriger Abenteurer,
perfekter Schauspieler,
verrückter Träumer,
Häuflein Elend,

Schöngeist mit Lebensart,
Sex-Junkie,
Weltenbummler,
alles in Frage stellender,
aggressiver Borderliner ...

Er liebt seine Söhne.
Hasst sein inneres Kind.
Fürchtet seine dunklen Seiten.

Ein ausdauernder Kämpfer,
der immer wieder
gegen sich selbst ins Feld zieht.
In blutige Schlachten,
die er nicht gewinnen kann.
Selbstzerstörerisch.
Ungeschützt.
Hart und ungerecht.

Ein Kämpfer,
der sich nur nach einem sehnt:
Seinem inneren Frieden.

Die Urfrau

Sie liebt das Universum.
Denn sie ist ein Teil davon.
Eins mit sich und der Natur.

Umgeben von einer Aura
der Gelassenheit, Güte und Weisheit
umarmt sie die Menschen
und das Leben.

Nutzt die Kraft der weiblichen Intuition.
Vereint Stärken und Schwächen.
Strahlt eine erdige Erotik aus.
Bringt fruchtbar Kinder
und kreative Gedanken zur Welt.

Komponiert ihre ganz eigene
Melodie des Lebens.
Kraftvoll, rein und voller Poesie.
Bis der letzte Ton verklingt.

Dann kehrt sie zurück in den Schoß
von Mutter Natur.
Vereint sich aufs Neue mit dem Universum.

Märchen-Oma

Sie las geduldig Märchen vor.
Immer wieder.
Ein großes dickes Buch
auf ihrem Schoß.

Liebte mich bedingungslos.
Beschützte mich.
Verwöhnte mich.

Sie ging leicht gebeugt,
war klein und zart
und doch so stark.

Dunkles unscheinbares Kleid
mit Schürze.
Darunter verkroch ich mich
wie ein Entenküken im Gefieder
der Mutter.
Fand dort Versteck und
Geborgenheit.

Sie war eine Oma
wie aus dem Märchen.
Ach, wär sie nicht gestorben,
dann lebte sie noch heute.

Von Dunkelgrau bis Rabenschwarz

Im Dunkel I

Im Dunkel
tief verwirrt
mich verirrt
in Ängste verstrickt
fast schon verrückt
von finstren Bildern
erdrückt

Im Dunkel II

Schwarze Wolken
umhüllen meine Seele.
Wehren jeden Lichtstrahl ab.

Schattenzeit, Eiszeit,
Endzeit.

Großes Kino – nur um mich
zu erdrücken.

Bitte lass Dich nicht abschrecken
von Kälte und Dunkelheit.

Bahn Dir einen Weg zu mir
und führ mich
aus der Hoffnungslosigkeit
ins Licht.
Ins Vertrauen.

Dunkelheit

Bin müde, traurig,
ausgelaugt und leer.

Beängstigend das Bekannte.
Angst einflößend alles Neue.

Erstarrt wie ein
hypnotisiertes Kaninchen.

Wie schön wäre es,
einfach den Schalter umzulegen:
Das Leben zu genießen,
Mut zu haben, hoffnungsvoll
in die Zukunft zu blicken.

So sein,
wie ich immer sein wollte:
Unabhängig, stark,
in mir selbst geborgen.

Aber es ist zu dunkel.
Ich kann den Schalter nicht finden.

Abwegig

Taste mich voran.
Schritt für Schritt
auf meinem holprigen Weg.
Mühselig. Angestrengt.

Muss so oft ausruhn.
Zu lange.

Kann meine Zukunft
nicht finden.
Komme immer wieder
vom Weg ab.

Würde so gerne fliegen ...

Nie wieder irren
und in die Leere laufen.
Frei sein auf ewig!

Abwegig?

Anstrengung

Alles strengt an.
Aufstehen
zu anstrengend.
Waschen und Essen
zu anstrengend.
Einkaufen, Aufräumen
zu anstrengend.

Das Leben – zu anstrengend.
Du bist mir zu anstrengend.
Ich bin mir zu anstrengend.

Mich von allem zu befreien –
wäre vielleicht
eine Anstrengung wert.

Ungebetene Gäste

Die düsteren Gedanken sind weg –
wie Vögel, die nach Süden
gezogen sind.

Ich bin nicht wirklich frei.
Ich trau dem Frieden nicht.

Sie werden wiederkommen.
Und ich kann es nicht verhindern,
dass die „Vögel des Kummers
wieder in meinem Haar ihre Nester bauen".

Würde ich sie abschütteln können,
wenn ich meinen
Kopf kahl rasierte?

Aber wäre
ich
dann noch
ich???

Novemberblues

Alles grau in grau:
Asphaltgrau, mausgrau,
schmuddelgrau, hellgrau, dunkelgrau,
nachts-sind-alle-Katzen-grau ...

In meinem Gemüt
läuft ein Schwarzweißfilm
in Endlosschleife.

Dezemberblues

Nur nicht immer alles schwarzsehen.
Es gibt doch auch Grautöne.

Regenbogen: abgestuft
in vielen Grautönen.
Weihnachtsbaum: graue Tanne
mit grauen Kerzen und grauen Kugeln.

Das ganze Leben grau.
Es ist grau-sam.

Januarblues

Das Leben ist
ein langer Fluss.

Meines mäandert
mühselig vor sich hin.

Nun ist das Flussbett
ausgetrocknet.

Das Einzige, was noch fließt,
sind meine Tränen.

Fernweh

Ich habe Fernweh.
Nach Nähe.
Ich habe Fernweh.
Nach Geborgenheit.

Ich habe Fernweh.
Nach meinem Innersten.
Nach angekommen sein.
Sieh, das Gute liegt so fern.

Hoffnungsschimmer

Aus einem Fünkchen Hoffnung
erwächst ein Licht
am Ende des Tunnels.

Es ist schwer zu erreichen.
Aber immerhin —
es ist da.

Psychodroge

Schwebezustand zwischen
Wachsein und Schlaf.
Gefühle in Trance.
Bin Zeitlupe.
Schaue halb narkotisiert
dem Leben zu.

Sekunden zerfließen vor
meinen Augen.
Die Zeit entgleitet mir.
Der Tag schlingert davon.

Schwarz und Weiß

Nun kreisen sie wieder
um meinen Kopf.
Die schwarzen Vögel.

Ich versuche
mich ihrer zu erwehren.
Mit kleinen weißen Tabletten.
Eine Tablette
verjagt einen Vogel.

Aus wie vielen Vögeln aber
besteht der Schwarm,
der die Sonne verdunkelt?

Leben, leiden, lästern

Glück aushalten

Schmerz
ist leichter auszuhalten
als Glück.

Nach einem großen Schmerz
kann es nur besser werden.

Was aber kommt
nach einem großen Glück?

Sternschnuppen

Manche Männer
sind wie
Sternschnuppen.

Sie leuchten plötzlich
vor Dir auf.

Blenden Dich.

Ziehen eine
kurze Bahn
durch Dein Leben.

Verglühen im Nichts.

Hinterlassen nichts.

Sind Dir am Ende
schnuppe.

Die Zeit wird kommen ...

... und Du wirst mich
nicht mehr
so anschauen,
wie Du es jetzt tust.

Und Du wirst
nicht mehr
so oft meine Hand halten.

Und Du wirst mich
nicht mehr
mit allen Sinnen wahrnehmen.

Wenn ich eines Tages für Dich
nur noch
lieb gewordenes Inventar bin,
bestelle ich den Möbelwagen ...

Ungestillte Sehnsucht

Meine Augen geschlossen.
Ich spüre noch Deine Hand
auf meinem Nacken –
Deine Lippen auf meinem Arm.

Jede Faser meines Körpers
sehnt sich nach Dir.

Doch meine Verantwortung
sagt „Nein".

Ich habe Angst vor Betrug.
Und Angst vor Enttäuschung.

Ich will nicht, dass meine Seele
mit einem Kater erwacht ...

Der Kuss, den es nie gab

Ich bereue,
dass dieser Kuss
nicht sein durfte.

Mein Mund sagte „Nein",
meine Lippen meinten „Ja".

Es ist schön und schade zugleich,
dass Du meine Zerrissenheit
respektiert hast.

Unabhängig

Ich bin autonom.

Wenn ich mich in meinem
Bett nach Wärme sehne,
schalte ich die Heizdecke ein.

Alltag

Ich kann gut Nudeln kochen.
Ich kann gut Betten beziehen.
Ich kann gut Klos putzen.

Ich muss dringend etwas tun,
das Sinn macht.
Etwas, in dem ich mich
erkennen und wiederfinden kann.

Zum Beispiel: Gedichte schreiben.

Das bringt mir ein wenig
An-Erkennung.

Zeitlinien

Falten in meinem Gesicht.

Ich habe jede einzelne gelebt.
Also habe ich sie mir verdient.

Aber ich will sie nicht.

Sie sind doch keine Orden.
Sondern nur Blessuren
des Lebens.

Beerdigung

Trauer, Tränen,
Taschentücher.

Beileid, Blumen,
Betonfrisuren.

Weinen, Weihwasser,
Warteschlangen.

Tanten, Torten,
Tratsch.

Auf manchen Beerdigungen
vermischt sich Leid
mit Lächerlichkeit.

Nur Kopfweh

Pochender,
hämmernder Schmerz.

Unerträglicher Druck
im Kopf.

Und doch bin ich froh,
dass der Schmerz
nur in meinem Kopf
wütet.

Und nicht
in meinem Herzen.

Sonntagmorgen

Zeit ist immer.
Aber nicht für mich.

Zeit – kostbares Geschenk.
Träge öffne ich die Augen.
Ein Lidschlag – eine Sekunde.

Sekunden reihen sich aneinander
zu einem ganzen Tag.
Heute schlängelt sich die Zeit
langsam dahin.
Heutezeit – Meinezeit.

An morgen will ich jetzt
nicht denken.

Wechseljahre

Sie kam früh in die
Wechseljahre.
Schon mit Anfang Vierzig.

Zuerst wechselte sie
ihren Mann.
Dann ihren Liebhaber.
Ihren Job.
Und ihre Wohnung.

Sie streifte sich
ihr neues Leben über
wie ein schickes Kleid,
das sie sich vorher
nie zu tragen
getraut hätte ...

Lächelte sich im Spiegel zu.

Und sah der
bevorstehenden Menopause
gelassen entgegen.

One-Night-Stand

Am Kissen haftete
noch sein Duft.

Die Schnürsenkel
schleiften eilig
übers Laminat,
als er den Flur
entlangging.

Achtlos stopfte er
das Hemd in die Hose
und warf ihr ein „Tschüss"
vor die Füße.

Egal.
Sie schloss die Tür
mit Nachdruck.

Selbst der Abschied
war ein Quickie.

Halt

An einer beliebigen Haltestelle
des Lebens innehalten.

Wie sich richtig verhalten?
Regeln einhalten.
Haltung einnehmen.
Den Mund halten –
aushalten?

Lieber zusammenhalten,
Halt geben und nehmen.
Am Glück festhalten.

Destruktiv

Wut kocht über ...
Plötzlich, unkalkulierbar,
aus dem Nichts.

Explodiert, bricht aus
wie ein Vulkan.

Pulsiert, schwappt höher
mit jedem Herzschlag.
Sinnlos, zerstörerisch.

Bauscht Nichtigkeiten
zu Pseudo-Wichtigkeiten.

Nährt sich aus Verzweiflung
und Hilflosigkeit.

Lässt Selbstverachtung und
Leere zurück.

Ist nicht abzuschütteln.
Kehrt immer wieder.

Bis zum nächsten Mal.

Alltagslügen

Wie geht's?
Danke, gut.

Wie war Dein Tag?
Ganz nett.

Alles klar?
Ja, schon.

Liebst Du mich noch?
Natürlich.

Alles Lüge.

Hätte sie den Mut,
ehrlich zu sein,
würde sie gehen.

Immer

Immer kommst Du
zu spät.
Immer hörst Du
nicht zu.
Immer muss ich
hinter Dir herräumen.

Immer, wenn sie
so zu ihm sprach –
und sie sprach eigentlich
immer so –
wollte er nur noch weg.

Immer weiter weg.

Für **immer**.

1968

Sie wollte
einfach nur
lieben und
geliebt werden.

Doch das Kommando hieß:
Neue Liebe.
In Freiheit.
In Unabhängigkeit.
In Vielfalt.
Ohne Bindung.

Sie wollte nur
den Einen.
Er schickte sie fort.

Er liebte Sex.
In Freiheit.
In Unabhängigkeit.
In Vielfalt.
Ohne Bindung.

Einfach ich sein

Metamorphose

Meine Zeit ist gekommen.
Lange habe ich in meinem
Kokon ausgeharrt.
Von Dunkelheit umhüllt.

Nun ist die Zeit der
Wandlung vorbei.
Ich komme ans Licht.
Entfalte meine Flügel.
Bin wunderschön
im neuen Seelenkleid.
Kann leben, lieben, frei sein.

Lazy Saturday

Samstagmorgen im Bett.
Kein Wecker. Einfach den Wolken
am Himmel zuschauen ...

Ruhe, Muße, Zeit für mich.
Keine Pläne, keine Pflichten, keine Hektik.
Zu mir kommen.

Ich liebe den Samstagmorgen.
Das Sahnehäubchen vom Wochenende.
Der Montag ist weit.
Alles ist möglich,
alles noch Vorfreude.

Ich mache, was ich will.
Ich kann, ich kann, ich kann ...
Ich kann's aber auch lassen.

Als Auftakt ein langes,
gemütliches Frühstück.
Und dann? Mal schauen,
auf was ich Lust habe.

Und morgen fahr ich zu Dir ...

Im Spiegel

Ich kenne diese Frau.
Aber irgendetwas an ihr
hat sich verändert.

Sie ist so begehrenswert.

Die Haare weich fallend,
der Blick strahlend,
die Lippen sinnlich.

Ich lächle ihr zu:
„Hallo, Du Schöne,
es steht Dir gut,
geliebt zu werden."

Im Spiegel seh ich mich
mit Deinen Augen.

Aufwachen bei Dir

I Langsam zu mir kommen.
Ein neuer Tag beginnt.

Was liegt an?
Nichts.

Einfach nur wohlfühlen.
Genießen.

Das Leben kommen lassen.

II Es ist alles in Ordnung.

Es ist nicht nur in Ordnung.
Es ist schön.

Es ist nicht nur schön.
Es ist wunderschön.

Es ist nicht nur wunderschön.
Es ist wunderschön in Ordnung.

Von mir aus bis ans
Ende der Welt.

Kann Gott bitte mal auf den
Standbild-Schalter drücken?!

Aufwachen bei Dir

III Kein Problem
über mir.
Unter mir.
Neben mir.

Mein Leben – im Moment
eine problemfreie Zone.

Ist das möglich?
Unfassbar.

Jetzt schnell die Zeit anhalten.

Aufwachen bei Dir

IV Noch mit geschlossenen Augen
spüre ich, dass es mir gut geht.
Vorfreude.

Wachwerden ohne Sorgen.
Schön.

Ich versinke in ein Vakuum.
In einen problemlosen Raum.

Ich könnte mich endlos aufhalten
in diesem Raum
ohne Wände,
ohne Enge.

Freiheit atmen.

Ich sein

Will mit mir
im Einklang leben.
Nicht nach der Leute
Pfeife tanzen.

Melodien aus eignen
Tönen weben.
Mit Harmonien und
Dissonanzen.

Will unabhängig sein
von fremdem Applaus.
Keine vorgegebene
Rolle spielen.

Wer ich wirklich bin,
find nur ich heraus.
Will Ich selbst sein,
nicht eine von vielen.

Traumtänzerin

Manchmal wünschte ich mir die Leichtigkeit
wie eine schwebende Ballerina
durchs Leben zu tanzen.

Ohne Last und voller Lust
durch Traumbilder zu spazieren.
Von schillernden Schwingen hoch hinauf
in die Lüfte getragen zu werden.
Immer höher zu fliegen.
Wie eine Seifenblase, die nie zerplatzt.

Ausgelassen

Auf dem letzten Fest
war ich richtig ausgelassen.

Tanzte ausgelassen.
Lachte ausgelassen.

So viel Spaß habe ich zu oft im Leben
ausgelassen.

Alles

Ich will e i n f a c h a l l e s.

Die Welt ist so komplex.
Mit unendlich mal unendlichen Möglichkeiten.
Ich werde nie fertig.

Selbst wenn ich ununterbrochen lesen würde,
könnte ich sie nie alle erkunden –
die Bücher dieser Welt.
Ich werde nie fertig.

Wenn ich im Internet surfe,
könnte ich absaufen.
Verliere mich in den Tiefen
des Informations-Universums.
Ich werde nie fertig.

Wenn ich fotografiere,
sehe ich jeden Tag unzählige neue Motive.
Ich werde nie fertig.

Wenn ich Gedichte schreibe,
kann ich immer nur ein einziges abschließen.
Unzählige andere trage ich weiter in mir.
Ich werde nie fertig.

Wenn ich über den Sinn des Lebens
nachdenke,
dann
werde ich nie fertig.

Ich kann mich nicht bescheiden
auf etwas Kleines, Einfaches,
Überschaubares, das ich zu einem
befriedigenden Abschluss bringen könnte.
Ich werde nie fertig.

Ich will e i n f a c h   a l l e s.

Ruhe werde ich erst finden,
wenn mein Leben abgeschlossen ist.

Dann ist es nicht fertig,
aber es ist zu Ende.

Lustvoll und launenhaft

Falsche Bescheidenheit

Sei kein
verstecktes Veilchen!
Niemand
beachtet Dich.

Tote Hose
im Moose.

Kannst gegen
die stolze Rose
nicht
anstinken.

Waschtag

Worte hängen an der Wäscheleine.
Flattern dort im Wind.

Ich warte eine kleine Weile,
bis sie getrocknet sind.

Gern würd ich ein Gedicht verfassen.
Doch keins der Worte mag richtig passen.

Es ist ein hoffnungsloses Unterfangen,
denn sie sind beim Waschen eingegangen.

Kurzweil mit K

Kaum war das **K**
auf die Welt gekommen,
konnte es **k**omische
Kunststücke vollführen.

Mit einem **K**änguru
um einen **K**aktus **k**urven.
Oder im **K**önigreich der **K**a**k**adus
mit **K**a**k**erla**k**en **k**ämpfen.

Ohne **K**ontrolle **k**aspert es
kreuz und quer
über alle **K**ontinente.

Und genießt sein
kreatives **K**-sein.

Wunschgarten

In meinem Wunschgarten
darf kreatives Unkraut sprießen.
Wird nichts weggeschnitten,
zurechtgestutzt, kleingehalten.

Entfalten sich die Blüten
meiner Fantasie,
verbreiten den Duft
von Träumen.

Ranken die Triebe
meiner Gefühle und Gedanken
ins Unendliche.

Wie wilde Blumen
wachsen Tausendideechen
und Schönwörterchen.
Gedankenaufdenpunktbringerchen
und Zauberträumchen
recken sich
der Sonne entgegen.

Apfelmarkt

Frisch gepflückte Äpfel
in zahlreichen Holzstiegen.
Hier türmen sich die Früchte der Erkenntnis.

In einem verlockend aussehenden Apfel
entdecke ich ein kleines Loch.

Und erkenne: Im Apfel wie im Leben
kann der Wurm drinstecken.

Wissensdurst

Warum?
fragt das Wieso
Wieso?
fragt das Weshalb
Weshalb?
fragt das Warum.

Die Antwort
weiß nur
das Weil ...

Zeit

Sie verrinnt oder bleibt stehen.
Schmeckt süß oder bitter.
Riecht verlockend oder abstoßend.
Klingt nach Engelsgesang
oder Donnergetöse.
Kleidet sich schwarzweiß
oder regenbogenschillernd.
Fühlt sich glücklich an oder traurig.
Je nachdem, von was sie gerade erfüllt ist.

Neid

Ich glaubte, sie gönnten mir Gutes.
Erzählte verliebt,
guten Mutes.
War entsetzt
ob des bösen Blutes.

Konnte ihr Verhalten kaum fassen.
Hab sie ihr Gift spritzen lassen.

Bleib die Klügere – doch
schwer fallen tut es.

Erfolgreich spekulieren

Das Leben geht rauf und runter
wie die Aktienkurse.

Ab und zu gibt es
den ein oder anderen Crash.

Im Leben wie an der Börse
bleibt zu hoffen,
dass man in die richtigen Werte
investiert hat.

Schwieriger Spagat

Wer mit einem Bein
im Gestern steht
und mit einem Bein
im Morgen –
den haut's im Heute
um.

Tu es!

Du sagst vielleicht,
irgendwann,
demnächst,
später.

TU ES!

Du sagst morgen,
wenn ich Zeit habe,
der Job es zulässt,
die Kinder groß sind.

TU ES!

Erfüll Dir Deine Wünsche.
Jetzt und hier.
Sonst stirbst Du
jeden Tag ein kleines Stück
mit Deinen begrabenen Träumen.

Tu, was Du
tun möchtest
UND LEBE!

Zugvögel

Meine Kinder wechseln das Nest.

Sie sind bald flügge.
Und wechseln das Nest.

Sie gehen.
Aber sie verlassen mich nicht.
Sie wechseln das Nest.

Ich lasse sie ziehen.
Sie werden immer wieder
zurückkommen.

Sie wechseln das Nest.
Bleiben aber unter meinen Fittichen.

Sie wechseln n i c h t das Nest.

Meine Kinder haben jetzt
zwei Nester.

Herbst

Die Sonne macht
Langzeit-Urlaub
im Süden.

Der Acker starrt Dich
stoppelig, abweisend an.

Der Sturm bläst Dir
die Realität ins Gesicht.

Selbst die Blätter
geben auf
und gehen zu Boden.

Jetzt musst Du Dich
warm anziehen.

Sonst bekommt Deine Seele
Frostbeulen.